세기말 훗사과 보습학원
소곤소곤 비밀이야기

by 순끼

세기말 풋사과 보습학원

♥ 캐릭터 소개 ♥

황미애
1984년 6월 15일 (16세) / 150.1cm
백제중학교 3학년 12반 / 능금학원 S반

별명: 송중이, 황승헌, 황비홍, 쓰리랑부부, 땅꼬마, 철이와 미애 등등
취미: 놀러다니기, 줄넘기, 만화, 비디오, 비행기 세기, 별 찾기
특기: 단거리, 목청, 오기, 맨손으로 벌레잡기
가족관계: 부모님, 강아지(웅크/시츄믹스)
좌우명: 내가 이겨!

김철
1984년 9월 9일 (16세) / 18X.Xcm
백제중학교 3학년 12반 / 능금학원 S반

별명: 대마왕, 철이와 미애
취미: 축구
특기: 운동
가족관계: 부모님, 누나(김순정/22), 여동생(김화니/9)
좌우명: 이런 거 꼭 써야 하나?

모진섭
1984년 10월 6일 (16세) / 181cm
백제중학교 3학년 9반

별명: 얼짱, 모, 변진섭
취미: 사탕빨아먹기, 놀러다니기
특기: 얼굴, 축구
가족관계: 부모님, 할머니, 남동생(모진혁/7)
좌우명: 폼생폼사

한송이
1984년 4월 28일 (16세) / 164cm
백제중학교 3학년 2반

별명 : 송송이, 반장
취미 : 제과제빵
특기 : 강아지 미용
가족관계 : 부모님, 오빠(한그루/19),
강아지 두 마리(쫑쫑이(요키), 찡찡이(말티))
좌우명 : 뭐든지 최선을 다해, 후회 없이

서지수
1984년 11월 13일 (16세) / 174cm
백제중학교 3학년 12반

별명 : 장만보, 할배
취미 : 아무 데서나 자기, 음악듣기
특기 : ....
가족관계 : 부모님
좌우명 : ...

박정욱
1984년 3월 19일 (16세) / 172cm
고구려중학교 3학년 10반 / 능금학원 S반

별명 : 안녕맨, 스마일맨, 반장, 과외교실
취미 : 물어보는 것들 대답해 주기, 오지랖, 숙제 미리하기
특기 : 마이페이스, 어린이 홀리기
가족관계 : 부모님, 쌍둥이 동생(박하나/12), (박한별/12)
좌우명 : 다들 사이좋게 지내 줄래?

너를 소개해 줄래?

안녕!
우리와 함께 소곤소곤 비밀 이야기를 할 준비는 되어 있지?
스쳐지나갈 뻔한 너의 이야기를 담아 소중한 추억을 한 권으로 완성해 보자.
그럼 이제 너의 이야기 들려 줄래?

 **001** DATE.

안녕? 우리의 첫 만남처럼
'흥미진진'이라고 표현할 만한 일이 있었다면 말해 줄래?

오늘 너의 기분을 그려봐!   '오늘'을 표현하는 해시태그를 만들어봐!

 **002** DATE.

무슨 말이야……

열심히 해도 모든 일이 순조롭지는 않아.
그러니 오늘은 기운을 셀프 충전 해 보자.
너의 장점을 다섯 가지만 적어 봐!

오늘 너의 기분을 그려봐!   '오늘'을 표현하는 해시태그를 만들어봐!

DATE.

오늘 하루 중 '나를 미소 짓게 한 순간'이 있어?
잊혀지기 전에 그림으로 그려 보자.
서툴러도 좋아. 너만의 표현 방식이잖아.

오늘 너의 기분을 그려봐!

'오늘'을 표현하는 해시태그를 만들어봐!

♥ 004 ♥　　　　　　　　　　　　　　　　DATE.

들을 때마다 좋았던 순간이
떠오르는 노래가 있어?
오늘은 그 노래에 대해서 이야기해 줘.

오늘 너의 기분을 그려봐!　　　'오늘'을 표현하는 해시태그를 만들어봐!

005

DATE.

화가 난다! 화가 나! 이불킥 일보 직전이야.
스트레스를 물리칠 수 있는 비법 있을까?
너만의 비법을 알려 줄래?

오늘 너의 기분을 그려봐!

'오늘'을 표현하는 해시태그를 만들어봐!

DATE.

내 친구 철이... 난 그냥 걔가 좀 얄미워.
무섭게 쳐다보고, 못되게 말하고, 모른 척하고, 화내고.
넌 그런 친구 없었어? 너의 친구 이야기도 해 줘.

오늘 너의 기분을 그려봐!

'오늘'을 표현하는 해시태그를 만들어봐!

007　　　　　　　　　　　　　DATE.

비가 오면 난 기분이 좋던데, 넌 어때?

오늘 너의 기분을 그려봐!　　　　'오늘'을 표현하는 해시태그를 만들어봐!

008

DATE.

우리 엄만 나 키 크라고 콩을 엄청 많이 넣은 밥만 해 줘.
넌 오늘 어떤 밥을 먹었어? 어떤 밥을 좋아해?

오늘 너의 기분을 그려봐!

'오늘'을 표현하는 해시태그를 만들어봐!

009

DATE.

아빠 친구네가 이번에 우리 동네로 이사를 온대.
이름은 어렴풋이 기억나는 순정언니... 그리고 그 아이... 가물가물하네.
넌 기억에 남는 어릴 적 친구가 있어?

오늘 너의 기분을 그려봐!

'오늘'을 표현하는 해시태그를 만들어봐!

 **010**

DATE.

만화는 현실과 달라서 난 너무 재미있어.
혹시 너도 만화 같은 상황을 상상해 본 적 있어?

오늘 너의 기분을 그려봐!

'오늘'을 표현하는 해시태그를 만들어봐!

011

DATE.

유일한 나만의 공간은 바로 내 방!
죄다 오래되고 낡았지만 따듯하고 아늑해.
너만의 공간도 소개해 줄래?

오늘 너의 기분을 그려봐!

'오늘'을 표현하는 해시태그를 만들어봐!

012

DATE.

난 하늘을 올려다보며 비행기를 보는 게 취미야.
1,000개를 다 보면 소원이 이루어진대!
너는 혹시 소원을 빌었는데 실제로 이루어진 적이 있어?

오늘 너의 기분을 그려봐!

'오늘'을 표현하는 해시태그를 만들어봐!

013　　　　　　　　　　DATE.

아 진짜! 부처님! 비행기! 내 소원 들어준다며!!!
왜 같은 반이어서 또 철이와 미애인 건데!!!!
내 뜻대로 되는 일이 하나도 없는 날, 넌 있었어?

오늘 너의 기분을 그려봐!　　　　'오늘'을 표현하는 해시태그를 만들어봐!

014

DATE.

짜증나 짜증나 짜증나... 그러니까, 짜증난다고.
최근에 가장 짜증났던 순간이 있어?
그냥 난 다 짜증이야...

오늘 너의 기분을 그려봐!

'오늘'을 표현하는 해시태그를 만들어봐!

015

DATE.

별로 신경 쓰고 싶진 않지만 어쩐지 신경 쓰이는 것들이 있지 않아?
나에겐 모의고사나 선행학습, 그리고...
옆집 대마왕이라든가... 뭐 이 정도? 넌 어때?

오늘 너의 기분을 그려봐!

'오늘'을 표현하는 해시태그를 만들어봐!

016

DATE.

철이를 보면 다들 안 무섭냐고 물어보네? 알고 보면 착한데.
철이처럼 네 주변에도 알고 보면 좋은 친구가 있어?

오늘 너의 기분을 그려봐!

'오늘'을 표현하는 해시태그를 만들어봐!

017

DATE.

난 세상에서 벌레가 제일 무섭고 싫어...
너도 그래?

오늘 너의 기분을 그려봐!

'오늘'을 표현하는 해시태그를 만들어봐!

018

우와~ 말로만 듣던 모진섭을 오늘 만났어!
특별한 날이니 주택복권 사야지!!!
근데 넌 혹시 복권 사 본 적 있어?

오늘 너의 기분을 그려봐!

'오늘'을 표현하는 해시태그를 만들어봐!

019

DATE.

몸이 무거워!!! 오늘부터 다이어트닷!
근데 우리 내일 뭐 먹지? 벌써 행복해 ㅎㅎㅎ

오늘 너의 기분을 그려봐!

'오늘'을 표현하는 해시태그를 만들어봐!

020   DATE.

오늘 난 달린다! 말리지 마~~~!!!
지금 노래방이라면 부르고 싶은 너의 노래는?????

오늘 너의 기분을 그려봐!

'오늘'을 표현하는 해시태그를 만들어봐!

021

DATE.

철이는 자꾸 아는 척 하지 말래. 아는 척이 아니라 난 얘를 알고 있다구!!!!
철이처럼 너도 철벽치고 싶은 상대가 있어? 혹시 나는 아니지?

오늘 너의 기분을 그려봐!

'오늘'을 표현하는 해시태그를 만들어봐!

 022

DATE.

쓰레기장에서 울던 내 모습을 황미애가 봤어.
그날부터 꼬인다 꼬여...
넌 누구에게도 들키고 싶지 않은 모습이 있어?

오늘 너의 기분을 그려봐!

'오늘'을 표현하는 해시태그를 만들어봐!

DATE.

오늘 혼자 있는데 너무 무서워서
무작정 뛰쳐나왔는데 때마침 김철이 오고 있었어.
다행이야. 헤헤...
너도 혼자일 때 무서웠던 적 있어?

오늘 너의 기분을 그려봐!

'오늘'을 표현하는 해시태그를 만들어봐!

024   DATE.

할 말이 있으면 도망치지 말고 똑바로 말하라고?
그게 쉬워?
정말 철이 말처럼 너도 그렇게 생각해?

오늘 너의 기분을 그려봐!

'오늘'을 표현하는 해시태그를 만들어봐!

025

DATE.

이럴 수가 있나?
여기도 황미애, 저기도 황미애...
이러기도 힘든데...
나처럼 황당한 적 없었어? 나만 그래?

오늘 너의 기분을 그려봐!

'오늘'을 표현하는 해시태그를 만들어봐!

026

어딜 가나 우릴 보면 철이와 미애라고 놀리지.
나처럼 이름 때문에 놀림받아 본 적 있어?

오늘 너의 기분을 그려봐!　　　'오늘'을 표현하는 해시태그를 만들어봐!

027

DATE.

공부... 나는 안일하게 생각해 왔는데 막상 학원을 가 보니 장난이 아닌데?
나도 앞으로 노력해야겠어.
너도 지금 공부하는 무언가가 있어? 우리 같이 노력해 보자~

오늘 너의 기분을 그려봐!

'오늘'을 표현하는 해시태그를 만들어봐!

028   DATE.

학원에서는 서로 아는 척하기!
철이는 좀 못됐지만 난 철이랑 잘 지내고 싶어. 그리고 난 학원에서 혼자란 말야.
혼자가 싫었던 순간이 있음 너도 말해 줄래?

오늘 너의 기분을 그려봐!   '오늘'을 표현하는 해시태그를 만들어봐!

DATE.

유치할수록 가슴에 남는 법!
네가 최근에 한 행동 중 가장 유치한 행동은 뭐였어?
나한테만 살짝 이야기해 줘~ ㅎㅎㅎ

오늘 너의 기분을 그려봐!   '오늘'을 표현하는 해시태그를 만들어봐!

030

DATE.

모진섭이 부탁하면 이상하게 거절할 수 없어.
(연탄오빠 닮아서 그런가...)
너도 부탁을 거절하지 못 했던 일이 있어?

오늘 너의 기분을 그려봐!

'오늘'을 표현하는 해시태그를 만들어봐!

 **031**

DATE.

골치 아파... 저 땅콩만 한 애랑 뭘 어떻게 잘 지내라는 건지...
황미애가 일방적으로 떠들면, 난 그냥 들어 주면 되는 건가?
친구랑 잘 지내는 방법... 넌 알고 있어?

오늘 너의 기분을 그려봐!

'오늘'을 표현하는 해시태그를 만들어봐!

032

DATE.

내친구 용희는 비리비리한 연탄오빠보다
덩치도, 근육도 있는 수류탄오빠가 더 좋대.
넌 어떤 스타일을 좋아해?

오늘 너의 기분을 그려봐!   '오늘'을 표현하는 해시태그를 만들어봐!

 DATE.

철이가 내가 준 빵을 안 받네?
근데 한송이가 준 빵은 받았어!!!! 이게 바로 차별이란 것?
이게 말이 돼? 너도 누군가에게 차별 당한 적 있어?

오늘 너의 기분을 그려봐!

'오늘'을 표현하는 해시태그를 만들어봐!

034

DATE.

내가 먼저 말 걸지 않으면
철이와 아무 사이도 아닌 게 되는구나...
갑자기 우울해졌어.
내 기분 너도 이해해?

오늘 너의 기분을 그려봐!

'오늘'을 표현하는 해시태그를 만들어봐!

035

DATE.

김철과 '진짜' 친구 되기 프로젝트를 시작해 보려고 해. 멋지지?
너는 '진짜' 친구를 만들기 위해 어떤 노력을 해 봤어?
노하우를 알려 줄 수 있을까?

오늘 너의 기분을 그려봐!

'오늘'을 표현하는 해시태그를 만들어봐!

 **036**

DATE.

학원 숙제! 학교 숙제! 오늘도 겨우겨우 하루가 지나갔다!!!
오늘도 무사히 보낸 우리에게
수고했단 의미로 서로 격려의 말을 해 주자.

오늘 너의 기분을 그려봐!

'오늘'을 표현하는 해시태그를 만들어봐!

037

DATE.

오늘 넌 어디서 가장 많은 시간을 보냈어?
난 오늘 도서관!

오늘 너의 기분을 그려봐!

'오늘'을 표현하는 해시태그를 만들어봐!

038   DATE.

철이는 말할 때 눈썹이랑 눈썹 사이에 힘을 빡! 주는 버릇이 있더라.
인상파처럼 말이야.
무슨 타이밍에 그럴까? 그러고 보니 넌 얼굴에 보이는 버릇 없어?

오늘 너의 기분을 그려봐!

'오늘'을 표현하는 해시태그를 만들어봐!

039    DATE.

좋아하는 물건 중에 모으는 거 있어? 난 띠부띠부씰.
아까 철이한테 빵먹으라고 주면서도
띠부씰은 나중에 꼭 달라고 했지~ ㅎㅎㅎ

오늘 너의 기분을 그려봐!

'오늘'을 표현하는 해시태그를 만들어봐!

040

DATE.

오늘 일어난 가장 최악의 일은 뭐야?
난 오늘 조별 발표 후 철이에게
실내화 속 깔창을 들켜 버린 일...

오늘 너의 기분을 그려봐!

'오늘'을 표현하는 해시태그를 만들어봐!

041

DATE.

이상하게 뭔가 잊은 것 같은 기분인데...
그게 뭘까? 이런 기분 느껴 본 적 있어?

오늘 너의 기분을 그려봐!   '오늘'을 표현하는 해시태그를 만들어봐!

DATE.

숨이 턱 끝까지 차도록 뛰어 본 적 있어?
난 지금... 헉... 헉...

오늘 너의 기분을 그려봐!

'오늘'을 표현하는 해시태그를 만들어봐!

 **043**

DATE.

오늘 누군가에게
너의 이름을 몇 번이나 들어 봤어?

오늘 너의 기분을 그려봐!

'오늘'을 표현하는 해시태그를 만들어봐!

044

DATE.

최근에 누군가에게 쪽지를 받아 본 적 있어?

오늘 너의 기분을 그려봐!

'오늘'을 표현하는 해시태그를 만들어봐!

045

DATE.

누군가가 눈빛으로 말하는 거 알아들은 적 있어?
그 눈빛 무슨 의미였던 것 같아?

오늘 너의 기분을 그려봐!

'오늘'을 표현하는 해시태그를 만들어봐!

 046

DATE.

나야말로 지금 뭐하고 있는 거지…

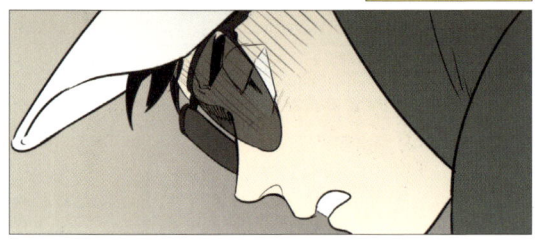

현타가 와서 찐~한 현자 타임에 빠져 본 적 있어?

오늘 너의 기분을 그려봐!

'오늘'을 표현하는 해시태그를 만들어봐!

047

네 인생에서 입이 쩌억 벌어지도록 놀랄 만한 일이 있었다면 이야기해 줘.

오늘 너의 기분을 그려봐!

'오늘'을 표현하는 해시태그를 만들어봐!

048

DATE.

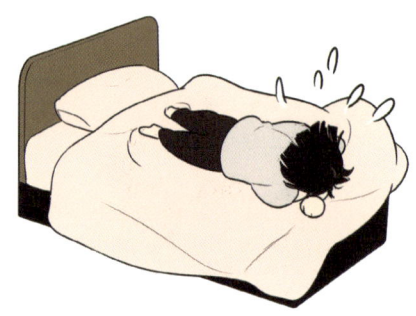

하아.. 학원 다니면 뭐 하냐 진짜... 성적표 주말까진 숨길래...
나처럼 숨겨왔던 비밀이 있다면 한 가지 말해 보기!

오늘 너의 기분을 그려봐!

'오늘'을 표현하는 해시태그를 만들어봐!

049

DATE.

내가 미쳤지! 철김철이의 턱을 들이받다니… 사과… 해야겠지?
넌 누군가에게 사과하고 싶은 적 없었어? 말해 줘~ 말해 줘~

오늘 너의 기분을 그려봐!　　　　　　'오늘'을 표현하는 해시태그를 만들어봐!

 **050**

DATE.

와! 김철은 게임도 잘하네? 운동도 잘하고.
내가 알던 어릴 적 그 아이 맞아?
난... 잘하는 게 뭐지? ㅎㅎㅎ 넌 잘하는 게 뭐야?

오늘 너의 기분을 그려봐!

'오늘'을 표현하는 해시태그를 만들어봐!

051

DATE.

새해 다짐을 얼마나 실천하고 있어?

오늘 너의 기분을 그려봐!　　　　　'오늘'을 표현하는 해시태그를 만들어봐!

052   DATE.

넌 최근에 놀라 본 적이 있어?
와.... 어떻게 하면 저렇게 수업 시간에 열심히 잘 수 있는 거지?
아직도 심장이 벌렁거려....

오늘 너의 기분을 그려봐!   '오늘'을 표현하는 해시태그를 만들어봐!

053 　　　　　　　　　　　　DATE.

체육대회에서 철이가 상품으로 받은 머리띠를 나한테 줬다?
이렇게 좋을 수가...!
너도 오늘 마음속에 행복 스위치가 켜진 일이 있었다면 말해 주기!

오늘 너의 기분을 그려봐!　　　　　'오늘'을 표현하는 해시태그를 만들어봐!

 DATE.

과거를 바꿀 수 있는 기회가 있다면
넌 어떤 순간을 바꿀래?
난 말이지....

오늘 너의 기분을 그려봐!   '오늘'을 표현하는 해시태그를 만들어봐!

최근에 느낀 소소한 행복 하나를 적어 본다면?
난... 아니 나말구... 넌?

오늘 너의 기분을 그려봐!   '오늘'을 표현하는 해시태그를 만들어봐!

056   DATE.

오늘 누군가에게 고맙다고 말한 일이 있었어?
난... 오늘 콜라를 많이 마셔서 2인 3각때 갑자기 배가 아팠는데...
철이가... 철이는 내 은인이야...

오늘 너의 기분을 그려봐!   '오늘'을 표현하는 해시태그를 만들어봐!

사진 찍을 때
너만의 시그니처 포즈 있어?
난 브이~

오늘 너의 기분을 그려봐!

'오늘'을 표현하는 해시태그를 만들어봐!

058   DATE.

오늘 하루를 한 문장으로 표현해 본다면?
'오늘은 OOO한 하루'라고 정리해 봐.

오늘 너의 기분을 그려봐! '오늘'을 표현하는 해시태그를 만들어봐!

DATE.

지금까지 기억에 남는 예상치 못한 칭찬은 뭐였어?
난 내 친구들이 김철 멋있다고 한 거... 이거 실화냐...

오늘 너의 기분을 그려봐!

'오늘'을 표현하는 해시태그를 만들어봐!

 DATE.

캬~ 나 오늘 철이랑 학원 옥상에서 포크댄스 마스터했어!
역시 친구는 서로 돕는 거야! 기분 좋아~
너도 누군가에게 도움을 받았던 기억이 있어?

오늘 너의 기분을 그려봐!   '오늘'을 표현하는 해시태그를 만들어봐!

061

DATE.

철이 동생 화니가 나 키 크라고 흰 우유 주더라.
넌 키가 몇이야? 지금 키에 만족해?

오늘 너의 기분을 그려봐!   '오늘'을 표현하는 해시태그를 만들어봐!

062

DATE.

철이가 나를? 사랑...?
김철과 나의... 사랑?
넌 사랑에 대해서 어떻게 생각해?

오늘 너의 기분을 그려봐!   '오늘'을 표현하는 해시태그를 만들어봐!

063

DATE.

자꾸 나를 변태라고 놀리네.
이렇게 집요하게 날 조질 거야? 응?
이젠 나도 못 참아. 김철!!!!!
너도 참고 있는 게 있으면 나처럼 터트려!
오늘 다 터트려 버리자!!!

오늘 너의 기분을 그려봐!

'오늘'을 표현하는 해시태그를 만들어봐!

DATE.

난 왜 김철한테 친구라는 말을 들으면
기분이 좋을까?
생각만 해도 기분이 좋아지는 친구...
너도 있어?

오늘 너의 기분을 그려봐!

'오늘'을 표현하는 해시태그를 만들어봐!

065

DATE.

생각이 많아져서 오늘은 쉽게 잠을 못 이룰 것 같아.
잠이 쏟아지게 할 만한 방법 좀 알려 줄래?

오늘 너의 기분을 그려봐!

'오늘'을 표현하는 해시태그를 만들어봐!

066   DATE.

철이랑 오늘 '스피드'라는 영화를 비디오로 같이 봤어.
너도 감명 깊게 본 영화가 있다면 추천해 줄래? 담에 철이랑 봐야지!

오늘 너의 기분을 그려봐!　　　　　　'오늘'을 표현하는 해시태그를 만들어봐!

067

DATE.

살면서 가장 절박하다고 생각한 순간이 있었어?
난 바로 지금인 거 같아!!! 롸잇나우!!!

오늘 너의 기분을 그려봐!

'오늘'을 표현하는 해시태그를 만들어봐!

068

DATE.

그럼 살면서 가장 심장 뛴 순간은?
난 그것도 바로 지금인 것 같아!!! 롸잇나우~!!!!!

오늘 너의 기분을 그려봐!

'오늘'을 표현하는 해시태그를 만들어봐!

넌 첫키스가 기억나? 어떤 느낌이었어?
솜사탕 같은 달콤함? 아님 자두사탕 같은 새콤함?
난... 철분맛... Fe...

오늘 너의 기분을 그려봐!

'오늘'을 표현하는 해시태그를 만들어봐!

070

DATE.

어릴 때 넌 어떤 어른이 되고 싶었어?
난... 키가 크고 예쁜? 므훗!

오늘 너의 기분을 그려봐!

'오늘'을 표현하는 해시태그를 만들어봐!

나를 미치게 하는 건 성적표, 김철, 그리고 김철...인데 말이지.
너를 미치게 하는 것들이 있다면 3가지만 말해 봐.

오늘 너의 기분을 그려봐!   '오늘'을 표현하는 해시태그를 만들어봐!

072

DATE.

철이는 항상 이어폰을 끼고 지내. 무슨 노래를 듣는 거지?
너도 최애 플레이 리스트가 있어?

오늘 너의 기분을 그려봐!

'오늘'을 표현하는 해시태그를 만들어봐!

073

DATE.

철이가 내 생일을 모르는 것 같아.
서운하긴 하지만 흥! 그냥 나 혼자 셀프로 챙길 테닷!!!
너도 이번 생일에 자신에게 셀프로 해 주고 싶은 선물이 있어?

오늘 너의 기분을 그려봐!　　　　　'오늘'을 표현하는 해시태그를 만들어봐!

074

DATE.

난... 오기 빼면 시체인데 김철이 자꾸 날 건드리네?
너도 괜히 누군가에게 오기를 부렸던 적이 있어?

오늘 너의 기분을 그려봐!

'오늘'을 표현하는 해시태그를 만들어봐!

DATE.

오늘 내 얼굴이 너무 신경 쓰여.
서지수가 내 얼굴 이상하다고 놀려서 그런가?
너도 지금 거울 속 너의 모습을 그려 보는 건 어때?

오늘 너의 기분을 그려봐!   '오늘'을 표현하는 해시태그를 만들어봐!

 076

DATE.

마음과 같지 않게 자꾸만
머릿속에 입력 오류가 나는
그런 날이 있었어?
난 오늘인 거 같은데....

오늘 너의 기분을 그려봐!

'오늘'을 표현하는 해시태그를 만들어봐!

 DATE.

오늘 하루를 영화에 비유하자면 장르는?
액션? 코미디? 다큐멘터리? 스릴러?
혹시 로맨스?????

오늘 너의 기분을 그려봐! 　　'오늘'을 표현하는 해시태그를 만들어봐!

078

DATE.

어렸을 적에 가장 기억에 남는 장소가 있어?
난 고등학교 졸업만 하면 다시 그곳으로 돌아갈 거야...

오늘 너의 기분을 그려봐!

'오늘'을 표현하는 해시태그를 만들어봐!

079

DATE.

누군가 날 걱정해 준다는 건 이런 기분일까?
이런 자극은 숨이 턱 막혀.
너도 누군가가 걱정해 준 적 있어? 그때 기분은 어땠어?

오늘 너의 기분을 그려봐!   '오늘'을 표현하는 해시태그를 만들어봐!

080

DATE.

내가 여친이 있다고? 모진섭한테 들었지만 너무 황당하네.
생각지도 못한 이상한 소문의 주인공이 되어 본 적 있어?
지금 나처럼 말이야.

오늘 너의 기분을 그려봐!

'오늘'을 표현하는 해시태그를 만들어봐!

감추고 싶은 순간을 들켜 버렸다면 어떨 것 같아?
난 많이 민망하고 창피해...

오늘 너의 기분을 그려봐!

'오늘'을 표현하는 해시태그를 만들어봐!

082

DATE.

친구한테 칭찬 들어 본 적 있어?
난 오늘 모진섭한테 들어 봤어!!!! 내일 애들한테 자랑해야지~!

오늘 너의 기분을 그려봐!

'오늘'을 표현하는 해시태그를 만들어봐!

083

DATE.

만약에 다른 일을 할 수 있는 기회가 생긴다면
어떤 걸 도전해 보고 싶어?
일단 난 공부만 아니면 다 잘할 것 같아.

오늘 너의 기분을 그려봐!

'오늘'을 표현하는 해시태그를 만들어봐!

요즘 너의 하루하루는 어떤 속도로 지나가?
난 정말 하루가 쏜살같이 지나가는 중이야.
이것이 중3 수험생의 하루인가.

오늘 너의 기분을 그려봐!

'오늘'을 표현하는 해시태그를 만들어봐!

085

DATE.

오늘 콜라를 마셨는데 오늘따라 유난히 시원하고 톡쏘고 난리야~
김철이가 돼서 그런가? 넌 어떤 음료수를 좋아해?

오늘 너의 기분을 그려봐!　　　　'오늘'을 표현하는 해시태그를 만들어봐!

086   DATE.

오늘 하루 중에 잘한 일과 잘못한 일을 적어 볼까?

오늘 너의 기분을 그려봐!

'오늘'을 표현하는 해시태그를 만들어봐!

갑자기 누군가의 비밀을 들으면 어떨 것 같아?
난 순정언니한테 철이의 비밀을 들어 버렸어.

오늘 너의 기분을 그려봐!

'오늘'을 표현하는 해시태그를 만들어봐!

088

DATE.

숙제도 해야 하고, 축구 연습도 해야 하고...
난 하루에 24시간도 모자른 거 같아.
너만의 시간 관리 방법을 나에게 전수해 줄래?

오늘 너의 기분을 그려봐!

'오늘'을 표현하는 해시태그를 만들어봐!

089

DATE.

누군가에게 라이벌 의식을 느껴 본 순간이 있어?
신체 조건은 이길 수 없는 건가...!
나도 김철처럼 뜀틀 잘 하고 싶어!!

오늘 너의 기분을 그려봐!   '오늘'을 표현하는 해시태그를 만들어봐!

090

DATE.

최근에 화가 머리 끝까지 나 본 적 있어?
와... 난 오늘인 거 같으다.
감히 내 빵을 몰래 먹어????

오늘 너의 기분을 그려봐!

'오늘'을 표현하는 해시태그를 만들어봐!

091

누군가 너를 도발하는 상황이 생긴다면 넌 어떻게 할 거야?
난 다칠 준비가 되어 있어!!!

오늘 너의 기분을 그려봐! '오늘'을 표현하는 해시태그를 만들어봐!

092

DATE.

친한 친구가 다른 사람에게 나를 소개할 때
어떻게 이야기 할지 궁금하지 않아?
이미 난 들은 거 같아. 또라이.

오늘 너의 기분을 그려봐!

'오늘'을 표현하는 해시태그를 만들어봐!

093

DATE.

주변에 힘들고 번거롭고 까다로운 사람 있어?
하아 어렵다 어려워~
친구지만 너무 어렵다구~!

오늘 너의 기분을 그려봐!

'오늘'을 표현하는 해시태그를 만들어봐!

♥ 094 ♥   DATE.

날 왜 가만두지 않는 걸까?
주목받는 게 창피하고 너무 힘든데... 난 I형 인간인가?
넌 MBTI가 뭐야? 황미애는 누가 봐도 EEEE?

오늘 너의 기분을 그려봐!

'오늘'을 표현하는 해시태그를 만들어봐!

095   DATE.

오늘 나와 함께한 주변 사람을 떠오르는 대로 5명 적어 보기!

오늘 너의 기분을 그려봐!   '오늘'을 표현하는 해시태그를 만들어봐!

DATE.

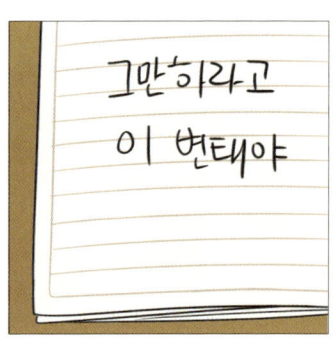

나는 오늘 철이에게 변태로 기억되어 버렸지 뭐야.
이렇게까지 화낼 일이야? 변태라니, 숙녀한테....
오늘 누군가에게 넌 어떤 모습으로 기억되었을까?

오늘 너의 기분을 그려봐!

'오늘'을 표현하는 해시태그를 만들어봐!

DATE.

태어나서 가장 열정적으로 배워 본 건 뭐야?
난 축구. 철이가 축구를 좋아하니까 친구로서 배워 두려고!

오늘 너의 기분을 그려봐!

'오늘'을 표현하는 해시태그를 만들어봐!

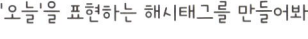

098   DATE.

혹시 콤플렉스가 있거나 놀림을 많이 받았었어?
난 어릴 때부터 키랑 눈썹이 콤플렉스야. 황승헌, 황비홍.. 별명 부자였지.

오늘 너의 기분을 그려봐!

'오늘'을 표현하는 해시태그를 만들어봐!

 DATE.

친구란 뭘까? 요즘 들어 계속 고민해 보는 중이야.
넌 친구와의 좋은 기억이 있어?

오늘 너의 기분을 그려봐!   '오늘'을 표현하는 해시태그를 만들어봐!

♥ 100 ♥   DATE.

넌 좋아하는 계절이 있어?
난 여름! 무더운 여름날 철이를 처음 만났거든 ^^

오늘 너의 기분을 그려봐!   '오늘'을 표현하는 해시태그를 만들어봐!

101

DATE.

하루 일과 중에서 가장 귀찮은 게 뭐야?
나? 나야 당연히 공부지!

오늘 너의 기분을 그려봐!

'오늘'을 표현하는 해시태그를 만들어봐!

어느 날 갑자기
타임머신이 너에게 생긴다면
어느 순간으로 돌아가고 싶어?

오늘 너의 기분을 그려봐!

'오늘'을 표현하는 해시태그를 만들어봐!

왜 내 진심을 철이가 몰라 주는 걸까?
이럴 때 초능력이 있다면 좋을 것 같아.
넌 가장 갖고 싶은 초능력이 뭐야?

오늘 너의 기분을 그려봐!

'오늘'을 표현하는 해시태그를 만들어봐!

104

DATE.

오늘을 기억할 수 있는 단어 3가지를 고른다면?
난 듀오백, 운동화, 꼬리표!

오늘 너의 기분을 그려봐!

'오늘'을 표현하는 해시태그를 만들어봐!

한송이는 정말 예쁘고 공부도 잘해.
송이처럼 나와 다르다고 느낀 친구가 너도 있어?

오늘 너의 기분을 그려봐!

'오늘'을 표현하는 해시태그를 만들어봐!

비행기 사진 다 찍고 나면
내가 어떤 소원을 빌지 궁금하지 않아?
신이 소원 하나를 꼭 들어 준다고 하면 넌 어떤 소원을 빌고 싶어?

오늘 너의 기분을 그려봐!   '오늘'을 표현하는 해시태그를 만들어봐!

107

DATE.

부모님께 바라는 점이 있어?
난 용.돈.인.상!

오늘 너의 기분을 그려봐!   '오늘'을 표현하는 해시태그를 만들어봐!

108

DATE.

최근에 너를 설레게 한 일이 있어?
난 세모 문방구에서... 소곤소곤...

오늘 너의 기분을 그려봐!

'오늘'을 표현하는 해시태그를 만들어봐!

DATE.

만약 사랑이라는 마법에 걸려 버린다면?
넌 어떤 모습일 것 같아?

오늘 너의 기분을 그려봐!

'오늘'을 표현하는 해시태그를 만들어봐!

110

DATE.

너는 꿈을 자주 꾸는 편이야?
주로 어떤 꿈을 자주 꾸는 것 같아?

오늘 너의 기분을 그려봐!

'오늘'을 표현하는 해시태그를 만들어봐!

DATE.

혹시 반려동물 키우고 있어?
난 귀여운 내 동생 황뭉크와 함께 지내고 있어.
반려동물이 있다면 자랑 좀 해 줄래?

오늘 너의 기분을 그려봐!

'오늘'을 표현하는 해시태그를 만들어봐!

DATE.

위로가 필요할 때
가족들에게 힘을 받아 본 적 있어?

오늘 너의 기분을 그려봐!

'오늘'을 표현하는 해시태그를 만들어봐!

해가 서쪽에서 뜰 일이야.
철이가 나한테 먼저 아는 척을 하지 뭐야.
너도 나처럼 해가 서쪽에서 뜰 만한 일이 있었어?

오늘 너의 기분을 그려봐! '오늘'을 표현하는 해시태그를 만들어봐!

DATE.

난 비행기를 보려고 망원경을 봤을 뿐인데 철이가 내앞에 따악!!!!
진짜로 비행기 보려고 그런 거야!
철이는 아마 자기를 보는 줄 알았겠지? 너도 누군가에게 오해를 받은 적 있어?

오늘 너의 기분을 그려봐!

'오늘'을 표현하는 해시태그를 만들어봐!

난 어린 시절에도 지금처럼 엄청 말괄량이였는데
넌 어린 시절 어떤 아이였어?

오늘 너의 기분을 그려봐!

'오늘'을 표현하는 해시태그를 만들어봐!

 DATE.

만약에 말야. 새로운 곳에서 살아 볼 기회가 너에게 주어진다면 어디서 살아 보고 싶어? 난 서울!!!

오늘 너의 기분을 그려봐!

'오늘'을 표현하는 해시태그를 만들어봐!

엄마한테 자주 듣는 말이 있어?
난 귀에 피가 날 정도로 많이 듣는 말 있어.
벌써 눈치챘어?

오늘 너의 기분을 그려봐!

'오늘'을 표현하는 해시태그를 만들어봐!

너에게 나쁜 말을 한 사람이
같은 장소에 있으면 넌 어떻게 할 것 같아?

오늘 너의 기분을 그려봐!

'오늘'을 표현하는 해시태그를 만들어봐!

DATE.

아... 지친다...중딩 인생...
지칠 때 기운낼 수 있는 방법이 있으면 나도 알려 줄래?

오늘 너의 기분을 그려봐!

'오늘'을 표현하는 해시태그를 만들어봐!

💛 **120** 💛   DATE.

최근에 분노 게이지가 가득했던 일이 있어?

오늘 너의 기분을 그려봐!

'오늘'을 표현하는 해시태그를 만들어봐!

 121

DATE.

방에서 자주 하는 행동은 뭐야?
난 창문 밖을 멍~하게 쳐다보기!

오늘 너의 기분을 그려봐!   '오늘'을 표현하는 해시태그를 만들어봐!

시험 끝나면 놀고 싶은데 뭘 해야 할지 고민이네...
넌 친구랑 만나면 주로 뭘 하면서 보내?
좋은 아이디어가 있으면 알려 줘.

오늘 너의 기분을 그려봐!

'오늘'을 표현하는 해시태그를 만들어봐!

황미애가 모진섭이랑 요즘 자주 마주치더니 이제는 숙제를 해다 바치네?
왜 이렇게 가슴이 쿵쾅거리고 화가 나지?
질투? 이게 질투라고? 말도 안돼. 너도 이런 적이 있어?

오늘 너의 기분을 그려봐!

'오늘'을 표현하는 해시태그를 만들어봐!

♥ 124 ♥ DATE.

넌 연예인 좋아해? 있으면 누구?
난 파이어보이즈 오빠들~~!!

오늘 너의 기분을 그려봐! '오늘'을 표현하는 해시태그를 만들어봐!

크게 웃을 만큼 기분 좋은 일이 있었다면
어떤 일이었는지 말해 줄래?

오늘 너의 기분을 그려봐!

'오늘'을 표현하는 해시태그를 만들어봐!

생일날 받은 선물 중에 가장 기억에
남는 선물 있어?
난 철이가 준 비행기!

오늘 너의 기분을 그려봐!

'오늘'을 표현하는 해시태그를 만들어봐!

127

DATE.

기분이 좋을 때 듣는 노래 베스트 10

오늘 너의 기분을 그려봐!

'오늘'을 표현하는 해시태그를 만들어봐!

 DATE.

반대로 기분이 안 좋을 때 듣는 노래 베스트 10

오늘 너의 기분을 그려봐!

'오늘'을 표현하는 해시태그를 만들어봐!

DATE.

음식 중에 기억에 남을 만큼 맛있었던 음식이 있어?
난 운동회 이겨서 먹었던 햄버거가 제일 기억이 나.

오늘 너의 기분을 그려봐!

'오늘'을 표현하는 해시태그를 만들어봐!

난 요즘 포크 댄스를 배우고 있어.
철이와 맹연습 중이지. 후훗.
너는 요즘 배우고 있는 거 있어?

오늘 너의 기분을 그려봐!

'오늘'을 표현하는 해시태그를 만들어봐!

최근 들어 가족 중에 누군가와 오래 이야기를 나눠 본 적 있어?
어떤 이야기를 나눴어?

오늘 너의 기분을 그려봐!

'오늘'을 표현하는 해시태그를 만들어봐!

 132

DATE.

거울을 보고 자신에게
한마디 해 준다면 어떤 말을 해 주고 싶어?

오늘 너의 기분을 그려봐!

'오늘'을 표현하는 해시태그를 만들어봐!

돌아오는 너의 생일에
함께 보내고 싶은 친구 이름 적어 보기!

오늘 너의 기분을 그려봐!   '오늘'을 표현하는 해시태그를 만들어봐!

 134

DATE.

가뜩이나 별명도 황비홍이었는데...
철김철! 내 앞머리를 되돌려 놔!
나처럼 뜻하지 않게 친구에게 봉변을 당해 본 적 있니?

오늘 너의 기분을 그려봐! '오늘'을 표현하는 해시태그를 만들어봐!

 135

DATE.

난 하루 종일 매우 아주 많이 서러운 상태야.
넌 오늘 어떤 감정들을 느꼈어?

오늘 너의 기분을 그려봐!

'오늘'을 표현하는 해시태그를 만들어봐!

어렸을 때 아이돌이 되는 상상을 해 본 적이 있어?
만약에 아이돌이라면 넌 댄스 담당? 노래 담당?
넌 어떤 파트를 맡고 있을 것 같아?

오늘 너의 기분을 그려봐! '오늘'을 표현하는 해시태그를 만들어봐!

DATE.

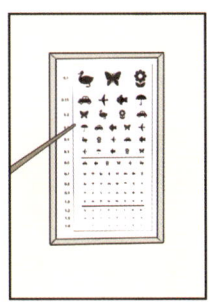

넌 시력이 좋아?
나도 안경을 쓰면 지적으로 보이지 않을까?
왠지 철이도 더 잘보일 것 같기도 한데 말이지~

오늘 너의 기분을 그려봐!

'오늘'을 표현하는 해시태그를 만들어봐!

138

만약에 만화 속 주인공 같은 꽃미남이 사귀자고 하면 어떻게 할 거야?
벌써부터 울렁울렁 두근두근하다~

오늘 너의 기분을 그려봐!

'오늘'을 표현하는 해시태그를 만들어봐!

"너한테만 특별하게"라는
말을 들으면 넌 기분이 어때?

오늘 너의 기분을 그려봐! '오늘'을 표현하는 해시태그를 만들어봐!

DATE.

나한테만 선 긋고 모진 섭하고는 잘 지내고! 김철!!! 용서 못해!!!
너도 절대 이것만큼은 용서 못한다고 생각하는 게 있어?

오늘 너의 기분을 그려봐!

'오늘'을 표현하는 해시태그를 만들어봐!

넌 츤데레 스타일이 좋아?
아니면 외모가 멋있는 꽃미남 스타일이 좋아?
하아... 둘 다 날 좋아하면 안되는데~

오늘 너의 기분을 그려봐!

'오늘'을 표현하는 해시태그를 만들어봐!

💛 142 💛

DATE.

넌 한번에 여러 개의 일을
처리할 수 있는 사람이야?

오늘 너의 기분을 그려봐!   '오늘'을 표현하는 해시태그를 만들어봐!

DATE.

너무 피곤한 오늘 하루...
생각하면 없던 힘도 생기게 하는 무언가가 있어?

오늘 너의 기분을 그려봐!

'오늘'을 표현하는 해시태그를 만들어봐!

 DATE.

누군가와 뒷담화를 해 본 적이 있어?
누구? 어떤 일로?

오늘 너의 기분을 그려봐!

'오늘'을 표현하는 해시태그를 만들어봐!

145

DATE.

최근에 늦잠을 자 본 적이 있어?
난... 자주.... ㅎㅎㅎ

오늘 너의 기분을 그려봐!

'오늘'을 표현하는 해시태그를 만들어봐!

DATE.

황미애 요즘 나한테 자꾸 엄지척을 해 주네.
기분이 너무 이상해. 좋은 것 같기도 하고...
너도 이런 간질간질한 기분을 느껴 본 적이 있어?

오늘 너의 기분을 그려봐!

'오늘'을 표현하는 해시태그를 만들어봐!

억울한 일이 생겼을 때 넌 누가 가장 먼저 떠올라?
난 요즘은 김철인 것 같아.

오늘 너의 기분을 그려봐!

'오늘'을 표현하는 해시태그를 만들어봐!

 **148**

DATE.

숨이 턱 끝까지 차오를 정도로 운동했던 건 언제야?
앗! 근데 지각해서 뛰는 것도 운동 맞지?

오늘 너의 기분을 그려봐!

'오늘'을 표현하는 해시태그를 만들어봐!

너~무나 싫어서
험한 말을 해본 적 있어?

오늘 너의 기분을 그려봐!

'오늘'을 표현하는 해시태그를 만들어봐!

💛 150 💛

DATE.

최근에 얼굴이 빨개지도록 무안했던 적 있어?
무슨 일이었는지 말해 줄래?

오늘 너의 기분을 그려봐!

'오늘'을 표현하는 해시태그를 만들어봐!

누군가의 마음속에 있는
분노 스위치를 켜 본 적이 있어?

오늘 너의 기분을 그려봐!

'오늘'을 표현하는 해시태그를 만들어봐!

152

DATE.

생각지도 못했는데
감동을 받았던 적이 있다면 이야기해 줄래?

오늘 너의 기분을 그려봐!

'오늘'을 표현하는 해시태그를 만들어봐!

 153

DATE.

너무 무섭거나 힘들 때
제일 먼저 전화하고 싶은 사람은 누구야?

오늘 너의 기분을 그려봐!

'오늘'을 표현하는 해시태그를 만들어봐!

154

DATE.

아침에 일어나자마자 하는 너의 루틴을 알려 줘!

오늘 너의 기분을 그려봐!

'오늘'을 표현하는 해시태그를 만들어봐!

자기 전 너의 마지막 루틴을 알려 줘!

오늘 너의 기분을 그려봐!

'오늘'을 표현하는 해시태그를 만들어봐!

평~생 단 한 사람만을 사랑할 수 있다면
넌 누굴 사랑하고 싶어?

오늘 너의 기분을 그려봐!

'오늘'을 표현하는 해시태그를 만들어봐!

 DATE.

올해 가장 인상 깊게 읽었던 책이 있어?
마음에 들었던 문장이 있다면 적어 볼까?

오늘 너의 기분을 그려봐!   '오늘'을 표현하는 해시태그를 만들어봐!

요즘 최대 고민이 있다면?

오늘 너의 기분을 그려봐!

'오늘'을 표현하는 해시태그를 만들어봐!

159

DATE.

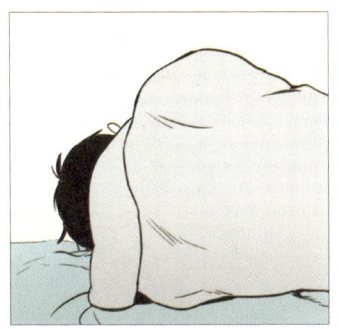

난 마음이 답답할 때가 많아.
넌 답답할 때 어떻게 해?

오늘 너의 기분을 그려봐!

'오늘'을 표현하는 해시태그를 만들어봐!

160

DATE.

와... 왜 이렇게 요즘 정신을 못 차리고 다니지?
너도 이런 적 있어?

오늘 너의 기분을 그려봐!

'오늘'을 표현하는 해시태그를 만들어봐!

황미애가 갑자기 놀러 가자고 하네?
이럴 땐 뭐라고 말해야 되는 거야? 너무 당황스러워.

오늘 너의 기분을 그려봐!

'오늘'을 표현하는 해시태그를 만들어봐!

 162

DATE.

오늘 너에게 친절하고 따듯하게 대해 준 사람이 있어?
난 학원 친구 정욱이!

오늘 너의 기분을 그려봐!

'오늘'을 표현하는 해시태그를 만들어봐!

163

DATE.

난 오늘 철이와 진짜 친구하기로 손가락 걸고 약속했어!
너도 누군가와 손도장을 찍을 만큼 중요한 약속을 한 적 있어?
그 약속을 후회하고 있지는 않아?

오늘 너의 기분을 그려봐!

'오늘'을 표현하는 해시태그를 만들어봐!

♥ 164 ♥

DATE.

오늘 너를 웃게 한 사람은 누구야?
꼭 사람이 아니어도 괜찮아.

오늘 너의 기분을 그려봐!

'오늘'을 표현하는 해시태그를 만들어봐!

남들에게 들었던 너의 단점이 있으면 세 가지만 적어 볼래?
듣자마자 기분이 안 좋기는 했지만...
나는 부산스러운 거. 진지하지 않은 거. 애 같다는 거.

오늘 너의 기분을 그려봐!

'오늘'을 표현하는 해시태그를 만들어봐!

최근에 처음으로 해 본 일이 있어?
난 오늘 친구들과 스티커 사진 처음으로 찍어 봤어!!
뒷줄 너무 살벌하지?

오늘 너의 기분을 그려봐!

'오늘'을 표현하는 해시태그를 만들어봐!

비상! 비상! 친구가 위험에 빠졌다면
넌 어떻게 할래?
내 친구 배똥꼬가 지금 위험하다구!!!!

오늘 너의 기분을 그려봐!

'오늘'을 표현하는 해시태그를 만들어봐!

 DATE.

내 흑기사는 누구냐고? 그야 당연히 김철이지!
너의 흑기사는 누구야?

오늘 너의 기분을 그려봐!　　　'오늘'을 표현하는 해시태그를 만들어봐!

 169

DATE.

하늘의 별이 될 수 있다면
넌 어느 별자리가 되고 싶어?

오늘 너의 기분을 그려봐!

'오늘'을 표현하는 해시태그를 만들어봐!

넌 유혹에 강한 편이야?
난 잘 안 넘어가는 타입이라~ 훗!

오늘 너의 기분을 그려봐!

'오늘'을 표현하는 해시태그를 만들어봐!

넌 어떤 스타일의 옷을 좋아해?
혹시 도전해 보고 싶은 스타일 있어?

오늘 너의 기분을 그려봐!　　　　　'오늘'을 표현하는 해시태그를 만들어봐!

172

DATE.

오늘 제일 즐거웠던 시간이 있었어?
난 오늘 친구들과 쉬는 시간 과자 타임!

오늘 너의 기분을 그려봐!

'오늘'을 표현하는 해시태그를 만들어봐!

아니라고
친구라고

여자남자
친구면
다 사귀냐??

이성간에 친구가 가능한 것 같아?
난 당연히 가능한 것 같은데, 철이랑 나처럼 말이야!

오늘 너의 기분을 그려봐!

'오늘'을 표현하는 해시태그를 만들어봐!

♥ 174 ♥   DATE.

혼자서도 잘 할 수 있는 일이 있다면
자신 있게 적어 보기!

오늘 너의 기분을 그려봐!   '오늘'을 표현하는 해시태그를 만들어봐!

175

DATE.

믿었던 도끼에 발등을 찍혀 본 적 있어?
하아... 내 기분이 지금 그래...
인생은 역시 혼자인가 보다...

오늘 너의 기분을 그려봐!

'오늘'을 표현하는 해시태그를 만들어봐!

내일 해야 할 일을 5가지만 적어 보자.
잊어버리지 않게 말이야.

오늘 너의 기분을 그려봐!

'오늘'을 표현하는 해시태그를 만들어봐!

177

DATE.

친구들이 싸우면 넌 어떻게 해?
이럴 땐 어떻게 해야 해?

오늘 너의 기분을 그려봐!

'오늘'을 표현하는 해시태그를 만들어봐!

DATE.

갑자기 약속을 취소 당해서 시간이 붕 뜰 때
넌 혼자 뭘 할 것 같아?

오늘 너의 기분을 그려봐!

'오늘'을 표현하는 해시태그를 만들어봐!

 179

DATE.

다시 보고 싶은 만화나 동화가 있어?
N회차로 열정있게 봤던 작품들 소개해 줄래?

오늘 너의 기분을 그려봐!

'오늘'을 표현하는 해시태그를 만들어봐!

180

DATE.

가끔씩 너 자신을 이해할 수 없을 때가 있어?

오늘 너의 기분을 그려봐!

'오늘'을 표현하는 해시태그를 만들어봐!

DATE.

넌 얼마나 잠을 자야 컨디션이 좋아?
난... 12시간?

오늘 너의 기분을 그려봐!

'오늘'을 표현하는 해시태그를 만들어봐!

너의 공부하는 공간이나 일하는 공간은 어떤 모습이야?
난 엄마가 돼지우리 같다고 맨날 방 좀 치우래. 힝...

오늘 너의 기분을 그려봐!

'오늘'을 표현하는 해시태그를 만들어봐!

 183

DATE.

최근에 충동적으로 구매했던 물건이 있어?

오늘 너의 기분을 그려봐! '오늘'을 표현하는 해시태그를 만들어봐!

 **184**

DATE.

오늘 너의 하루에 점수를 준다면
100점 만점에 몇 점을 줄 거야?

오늘 너의 기분을 그려봐!

'오늘'을 표현하는 해시태그를 만들어봐!

185

DATE.

누가 알아주지 않아도 나 혼자 꾸준히 하는 좋은 행동이 있어?
예를 들면... 쓰레기 줍기!

오늘 너의 기분을 그려봐!

'오늘'을 표현하는 해시태그를 만들어봐!

지금 너를 가장 불안하게 하는 건 어떤 거야?
난 황미애...

오늘 너의 기분을 그려봐!

'오늘'을 표현하는 해시태그를 만들어봐!

DATE.

무엇이든 만들 수 있는 능력을 가진 마법사라면
넌 어떤 것을 만들고 싶어?
난 잠을 없애는 물약!

오늘 너의 기분을 그려봐! '오늘'을 표현하는 해시태그를 만들어봐!

188

반대로 무엇이든 없앨 수 있는 능력을 가진 마법사라면
넌 어떤 것을 만들고 싶어?
난 벌레를 싹 다 없애는 물약!

오늘 너의 기분을 그려봐!

'오늘'을 표현하는 해시태그를 만들어봐!

최근에 부모님께 혼나 본 적 있어?

오늘 너의 기분을 그려봐!

'오늘'을 표현하는 해시태그를 만들어봐!

DATE.

아무도 없는 곳에서 크게 소리 지르고 싶은 말이 있어?
혼자 담아 두었던 스트레스 같은 거 말이야.

오늘 너의 기분을 그려봐!

'오늘'을 표현하는 해시태그를 만들어봐!

요즘에 넌 잘 웃는 편이야?
난 신체검사 했는데 키 150 넘었대서 웃음이 절로 나와~

오늘 너의 기분을 그려봐!

'오늘'을 표현하는 해시태그를 만들어봐!

다시 태어날 수 있다면 넌 어떤 조건에서 태어나고 싶어?
난 일단 키가 무조건 160은 넘어야 될 것 같아~

오늘 너의 기분을 그려봐!

'오늘'을 표현하는 해시태그를 만들어봐!

꼭 고치고 싶은 너의 성격이나 습관이 있어?
난 낯을 가리는 건데 다른 사람들은 내가 화가 나 있는 줄 알더라고.

오늘 너의 기분을 그려봐!

'오늘'을 표현하는 해시태그를 만들어봐!

DATE.

요즘 새로 배워 보고 싶은 것이 있어?
난 게임을 좀 배워 보고 싶단 말이지.

오늘 너의 기분을 그려봐!

'오늘'을 표현하는 해시태그를 만들어봐!

 195

DATE.

오늘은 그림을 그려 볼까?
좋아하는 사람의 얼굴을 그려 보자.
철이가 어떻게 생겼더라...

오늘 너의 기분을 그려봐!

'오늘'을 표현하는 해시태그를 만들어봐!

비행기를 보면 가끔 다른 나라도 가 보고 싶어.
넌 가고 싶은 나라가 있어? 그곳은 어디야?

오늘 너의 기분을 그려봐!

'오늘'을 표현하는 해시태그를 만들어봐!

만약에 철이가 너의 친구라면
넌 어떤 걸 함께 해 보고 싶어?

오늘 너의 기분을 그려봐!   '오늘'을 표현하는 해시태그를 만들어봐!

 198

DATE.

만약에 미애가 너의 친구라면
넌 어떤 걸 함께 해 보고 싶어?

오늘 너의 기분을 그려봐! '오늘'을 표현하는 해시태그를 만들어봐!

 199

DATE.

여행지에서 좋았던 기억이 있어?
난 어릴 적에 철이를 만났던 기억?

오늘 너의 기분을 그려봐!

'오늘'을 표현하는 해시태그를 만들어봐!

 200

DATE.

최근에 산 물건 중에서
나한테 자랑하고 싶은 아이템이 있어?

오늘 너의 기분을 그려봐!　　　　'오늘'을 표현하는 해시태그를 만들어봐!

철이랑 같은 반에다가 짝꿍이라니...!
이건 운명일까, 신의 장난일까?
넌 운명을 믿어?

워워워 워워워 ...
25
26

오늘 너의 기분을 그려봐!

'오늘'을 표현하는 해시태그를 만들어봐!

202

DATE.

가지고 있는 물건 중에
예쁜 쓰레기가 있어?

오늘 너의 기분을 그려봐!

'오늘'을 표현하는 해시태그를 만들어봐!

넌 어떤 사람에게 끌리는 것 같아?
성별에 상관 없이 말이야.
얼짱 진섭이? 나른한 매력의 지수?

오늘 너의 기분을 그려봐!

'오늘'을 표현하는 해시태그를 만들어봐!

♥ 204 ♥   DATE.

최근에 인상적인 꿈을 꾼 적이 있어?
얼마 전 내 꿈엔 어릴 적 철이가 나왔는데 말이지...

오늘 너의 기분을 그려봐!   '오늘'을 표현하는 해시태그를 만들어봐!

DATE.

장래희망이나 도전해 보고 싶은 직업이 있어?

오늘 너의 기분을 그려봐!

'오늘'을 표현하는 해시태그를 만들어봐!

 206

DATE.

만약에 기억상실증에 걸려서 모든 기억을 잃어버리고
딱 한 가지 기억만 남길 수 있다면
넌 어떤 기억을 간직하고 싶어?

오늘 너의 기분을 그려봐!

'오늘'을 표현하는 해시태그를 만들어봐!

요즘에 계속 미루고 있는 일이 있다면 어떤 일이야?
난 방 청소!!!

오늘 너의 기분을 그려봐!

'오늘'을 표현하는 해시태그를 만들어봐!

 208

DATE.

최근 아침에 일어날 때 가장 먼저 떠오르는
생각이나 기분은 뭐야?

오늘 너의 기분을 그려봐!   '오늘'을 표현하는 해시태그를 만들어봐!

오늘은 아침부터 날씨도 좋고 기분도 상쾌해!
꿈에 철이가 나와서 그런가?
나처럼 유달리 청량한 기분을 느껴 본 날이 있어?

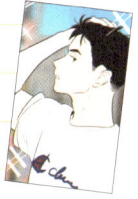

오늘 너의 기분을 그려봐!   '오늘'을 표현하는 해시태그를 만들어봐!

210

DATE.

넌 어떨 때 자존심이 많이 상해?

오늘 너의 기분을 그려봐!

'오늘'을 표현하는 해시태그를 만들어봐!

시간 가는 줄 모르고 하는 일이 있어?
내가 비행기를 찾는 것처럼 말이야.
그 일이 너에게 주는 좋은 점도 이야기해 줘.

오늘 너의 기분을 그려봐!

'오늘'을 표현하는 해시태그를 만들어봐!

DATE.

무인도에 가야 한다면
꼭 가지고 갈 물건 3가지만 골라 볼래?

오늘 너의 기분을 그려봐!   '오늘'을 표현하는 해시태그를 만들어봐!

DATE.

요즘 너를 자꾸만 헷갈리게 하는 사람이 있어?
난 요즘 철이가 너무 헷갈려.
나만 그 애를 신경 쓰고 있는 걸까?

오늘 너의 기분을 그려봐!

'오늘'을 표현하는 해시태그를 만들어봐!

214

DATE.

첫눈이 오면 넌 누구와 어디에서 같이 있고 싶어?

오늘 너의 기분을 그려봐!   '오늘'을 표현하는 해시태그를 만들어봐!

이번주 주말에 꼭 하고 싶은 일이 있어?
난 일단 밀린 잠부터 푹 자고 싶어. 넌?

오늘 너의 기분을 그려봐!

'오늘'을 표현하는 해시태그를 만들어봐!

216

DATE.

철이가 조금만 더 다가와 주면 좋겠는데...
너도 주변에 더 가까워지고 싶은 사람이 있어?

오늘 너의 기분을 그려봐!　　　'오늘'을 표현하는 해시태그를 만들어봐!

너를 미워하는 사람에게 어떤 말을 해 주고 싶어?
난 배똥꼬한테 말이지...

오늘 너의 기분을 그려봐!   '오늘'을 표현하는 해시태그를 만들어봐!

♥ 218 ♥　　　　　　　　　　　　　　DATE.

지금 누군가가 보고 싶다면,
그 사람의 이름과 이유를
말해 줄 수 있어?

오늘 너의 기분을 그려봐!　　　'오늘'을 표현하는 해시태그를 만들어봐!

요즘 너의 최대 관심사는 뭐야?
요즘 내 눈이 향하는 곳은...

오늘 너의 기분을 그려봐!

'오늘'을 표현하는 해시태그를 만들어봐!

220

DATE.

갑자기 하루 휴가가 너에게 주어진다면
넌 무엇을 하면서 보낼 거야?

오늘 너의 기분을 그려봐!

'오늘'을 표현하는 해시태그를 만들어봐!

나중에 결혼을 한다면
어떤 사람과 함께 살고 싶어?

오늘 너의 기분을 그려봐!

'오늘'을 표현하는 해시태그를 만들어봐!

222

DATE.

너를 표현할 때 붙일 수 있는 해시태그가 있다면?
아니면 지금 만들어 봐도 좋구~
#황미애 #천방지축 #노는 게 제일 좋아

오늘 너의 기분을 그려봐!

'오늘'을 표현하는 해시태그를 만들어봐!

최근에 친구들이 너에게 자주 하는 말이 있어?
난 앞머리 좀 자르래.

오늘 너의 기분을 그려봐!

'오늘'을 표현하는 해시태그를 만들어봐!

 DATE.

내가 나라서 참 좋은 순간이 있어?
난... 늘!!!

오늘 너의 기분을 그려봐!

'오늘'을 표현하는 해시태그를 만들어봐!

225

DATE.

지금 당장 너에게 필요한 것 5가지 적어 보기.

오늘 너의 기분을 그려봐!

'오늘'을 표현하는 해시태그를 만들어봐!

226

DATE.

가족들에게 미안했던 일이 있어?
난 성적이 떨어졌을 때...

오늘 너의 기분을 그려봐!

'오늘'을 표현하는 해시태그를 만들어봐!

227

DATE.

네가 만약에 히어로라면
누구를 위해 어떤 일을 해 보고 싶어?

오늘 너의 기분을 그려봐!   '오늘'을 표현하는 해시태그를 만들어봐!

💛 **228** 💛 DATE.

너에게는 '오늘 하루'가 어떻게 느껴졌어?

오늘 너의 기분을 그려봐!

'오늘'을 표현하는 해시태그를 만들어봐!

229

DATE.

당장 버려야 될 것 5가지.

오늘 너의 기분을 그려봐!

'오늘'을 표현하는 해시태그를 만들어봐!

230

DATE.

넌 언제 가장 빛나는 사람인 것 같아?

오늘 너의 기분을 그려봐!

'오늘'을 표현하는 해시태그를 만들어봐!

친구에게 가장 듣고 싶은 말이 있어?
난 철이에게 말이지...

오늘 너의 기분을 그려봐! '오늘'을 표현하는 해시태그를 만들어봐!

232

DATE.

가족과 가장 행복했던 추억은 뭐야?

오늘 너의 기분을 그려봐!

'오늘'을 표현하는 해시태그를 만들어봐!

난 철이의 말투 때문에 가끔 우울해지기도 해.
조금 더 다정하게 말해 줘도 좋을 것 같은데 말이지.
넌 평소 말투가 어떤 것 같아?

오늘 너의 기분을 그려봐!

'오늘'을 표현하는 해시태그를 만들어봐!

234

DATE.

미래의 나는 어떤 인생을 살고 있을까?

오늘 너의 기분을 그려봐!

'오늘'을 표현하는 해시태그를 만들어봐!

서지수... 암튼 저 놈 때문에 요즘 되는 일이 없어.
넌 뒤통수를 한 대 때리고 싶은 사람이 있어?

오늘 너의 기분을 그려봐!

'오늘'을 표현하는 해시태그를 만들어봐!

236

DATE.

넌 너에게 어떤 친구가 있었으면 좋겠어?

오늘 너의 기분을 그려봐!

'오늘'을 표현하는 해시태그를 만들어봐!

DATE.

기억 중 한 장면을 사진으로 뽑을 수 있다면 어느 순간을 인화하고 싶어?
그 장면을 한번 그려 볼까?

오늘 너의 기분을 그려봐!

'오늘'을 표현하는 해시태그를 만들어봐!

넌 어떤 것에 덕후야?
난 만화책, 비디오, 그리고... 파이어보이즈 오빠들!

오늘 너의 기분을 그려봐!

'오늘'을 표현하는 해시태그를 만들어봐!

239

DATE.

오늘 고마웠던 사람에게 '고마워'라고 메시지를 보내 봐.
답장은 어떻게 왔어?

오늘 너의 기분을 그려봐!

'오늘'을 표현하는 해시태그를 만들어봐!

240

DATE.

내일은 어떤 옷을 입을 거야?

오늘 너의 기분을 그려봐!

'오늘'을 표현하는 해시태그를 만들어봐!

꽃을 코팅해서 책갈피를 만들어 본 추억이 있어?
만약에 책갈피를 만들어 본다면 넌 어떤 것으로 만들 거야?

오늘 너의 기분을 그려봐!

'오늘'을 표현하는 해시태그를 만들어봐!

242

DATE.

지금 혼자 라디오를 듣고 있다면
라디오에서 나왔으면 하는 노래는?

오늘 너의 기분을 그려봐!　　　'오늘'을 표현하는 해시태그를 만들어봐!

추억이 담긴 물건을 버리면서 울어 본 적 있어?
이젠 필요 없는 물건을 버렸을 뿐인데...

오늘 너의 기분을 그려봐!   '오늘'을 표현하는 해시태그를 만들어봐!

♥ 244 ♥

DATE.

너의 부끄러운 순간을 자꾸 들키게 되는 사람이 있어?
난 왜 매번 황미애인 거야...?!

오늘 너의 기분을 그려봐!

'오늘'을 표현하는 해시태그를 만들어봐!

245

DATE.

오늘 너의 입에서 맴돌던 노래가 있어?

오늘 너의 기분을 그려봐!   '오늘'을 표현하는 해시태그를 만들어봐!

246

오늘 나한테 자랑하고 싶은 일 있었어?
난 오늘 모진섭 바로 옆자리에 앉아 봤지 뭐야~!

오늘 너의 기분을 그려봐!

'오늘'을 표현하는 해시태그를 만들어봐!

247

DATE.

너의 첫사랑은 어떤 사람이었어?
그 사람에게 고백은 해 봤어?

오늘 너의 기분을 그려봐!

'오늘'을 표현하는 해시태그를 만들어봐!

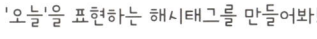

'내가 왜 그런 말을 했을까?'라고 후회해 본 적 있어?

오늘 너의 기분을 그려봐!

'오늘'을 표현하는 해시태그를 만들어봐!

💛 **249** 💛   DATE.

오늘 너의 활력소는 무엇이었어?
난 친구들과 함께하는 게임 한 판!!

오늘 너의 기분을 그려봐!   '오늘'을 표현하는 해시태그를 만들어봐!

250

DATE.

황미애 앞에선 언제나 내 마음이 잘 드러나는 것 같아서 당황스러워.
너는 감정을 잘 드러내는 편이야?

오늘 너의 기분을 그려봐!

'오늘'을 표현하는 해시태그를 만들어봐!

251

DATE.

가장 최근 기분 좋았던 기억은 뭐야?
난 엄마한테 용돈 더 받았지~

오늘 너의 기분을 그려봐!   '오늘'을 표현하는 해시태그를 만들어봐!

누군가의 마음에 상처를 준 적이 있어?

오늘 너의 기분을 그려봐!

'오늘'을 표현하는 해시태그를 만들어봐!

만들고 싶은 너만의 기념일이 있어?
후라이.. 러브데이라던지..

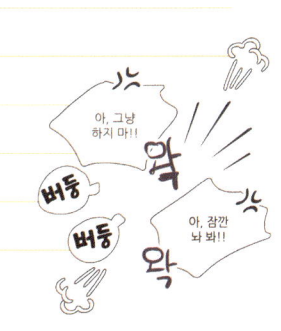

오늘 너의 기분을 그려봐!

'오늘'을 표현하는 해시태그를 만들어봐!

254

내일 지구가 멸망한다면
오늘 꼭 만나고 싶은 사람이 있어?

오늘 너의 기분을 그려봐!　　　　'오늘'을 표현하는 해시태그를 만들어봐!

 DATE.

가까운 친구에게 배우고 싶은 점이 있어?
난 학원 친구의 노트 정리법!

오늘 너의 기분을 그려봐!　　　　'오늘'을 표현하는 해시태그를 만들어봐!

256

DATE.

상처 받았던 기억 중에
아직 아물지 않아 아픈 기억이 있어?

오늘 너의 기분을 그려봐!

'오늘'을 표현하는 해시태그를 만들어봐!

지난 1년 동안 가장 잘한 일 한 가지만 꼽아 봐!
난 철이에게... 후후훗

오늘 너의 기분을 그려봐!

'오늘'을 표현하는 해시태그를 만들어봐!

258

DATE.

생각만 해도 눈물이 맺히는 슬픈 기억이 있어?

오늘 너의 기분을 그려봐!

'오늘'을 표현하는 해시태그를 만들어봐!

10년 후 친한 친구와
어떻게 지내고 있을 것 같아?
철이와 나는 과연...

오늘 너의 기분을 그려봐!

'오늘'을 표현하는 해시태그를 만들어봐!

260　　　　　　　　　　　　　　DATE.

가장 좋아하는 친구를 여기에 그려 보는 건 어때?
나처럼 말이야~

오늘 너의 기분을 그려봐!　　　　'오늘'을 표현하는 해시태그를 만들어봐!

 **261**

DATE.

만약에 네가 운동을 정말 잘 한다면
제일 먼저 하고 싶은 운동은 뭐야?

오늘 너의 기분을 그려봐!   '오늘'을 표현하는 해시태그를 만들어봐!

 **262**   DATE.

비현실적이라고 생각하는 순간이 있었어?
영화 속 한 장면 같은...

오늘 너의 기분을 그려봐!   '오늘'을 표현하는 해시태그를 만들어봐!

 DATE.

자신이 솔직한 사람이라고 생각해?

오늘 너의 기분을 그려봐!　　　'오늘'을 표현하는 해시태그를 만들어봐!

최근에 가장 성취감을 느꼈던 일이 있어?

오늘 너의 기분을 그려봐!

'오늘'을 표현하는 해시태그를 만들어봐!

DATE.

엄마는 맨날 나한테만 뭐라 그래...
혹시 너도 집에서 쫓겨날 뻔한 적이 있었어?

오늘 너의 기분을 그려봐!   '오늘'을 표현하는 해시태그를 만들어봐!

지금보다 조금 더 행복해지려면
무엇을 해야 할까?

오늘 너의 기분을 그려봐!

'오늘'을 표현하는 해시태그를 만들어봐!

사랑하는 사람에게 지금 편지를 써야 한다면
제일 첫 문장은 어떻게 쓰고 싶어?

오늘 너의 기분을 그려봐!

'오늘'을 표현하는 해시태그를 만들어봐!

♥ 268 ♥   DATE.

넌 나중에 꼭 이루고 싶은 꿈이 있어?

오늘 너의 기분을 그려봐!   '오늘'을 표현하는 해시태그를 만들어봐!

책이나 노래 가사, 명언 같은 데서
네가 특히 좋아하는 구절이 있다면 알려 줘.

오늘 너의 기분을 그려봐!

'오늘'을 표현하는 해시태그를 만들어봐!

♡ 270 ♡　　　　　　　　　　DATE.

최근에 가장 기억에 남는 한마디가 있다면?

오늘 너의 기분을 그려봐!　　　'오늘'을 표현하는 해시태그를 만들어봐!

네가 가장 자랑스러웠을 땐 언제였어?
난 똥꼬를 구하러 갔을 때!

오늘 너의 기분을 그려봐!

'오늘'을 표현하는 해시태그를 만들어봐!

DATE.

정말 하기 싫은 일이 있어?
난 늘 그렇듯이 공부가 제일 하기 싫어.

오늘 너의 기분을 그려봐!

'오늘'을 표현하는 해시태그를 만들어봐!

나이가 들어서도 변하지 않았으면 하는
너의 모습이 있다면?

오늘 너의 기분을 그려봐!   '오늘'을 표현하는 해시태그를 만들어봐!

274

DATE.

요즘 네가 푹~ 빠져 있는 건 뭐야?

오늘 너의 기분을 그려봐!

'오늘'을 표현하는 해시태그를 만들어봐!

 275

DATE.

어린 시절에 가장 좋아하던
애니메이션이나 만화는?

오늘 너의 기분을 그려봐!   '오늘'을 표현하는 해시태그를 만들어봐!

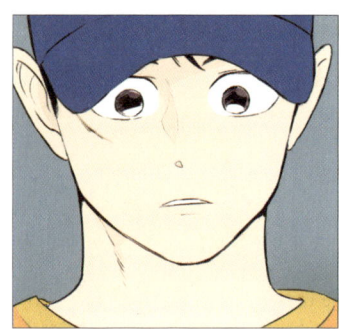

넌 이성을 볼 때 가장 먼저 보는 부분이 있어?

오늘 너의 기분을 그려봐!

'오늘'을 표현하는 해시태그를 만들어봐!

최근에 가장 부럽다고 느낀 사람이 있어?

오늘 너의 기분을 그려봐!

'오늘'을 표현하는 해시태그를 만들어봐!

278

DATE.

단짝 친구와의 첫 만남은 어땠어?
난 철이랑 말이지...

오늘 너의 기분을 그려봐!

'오늘'을 표현하는 해시태그를 만들어봐!

올해가 가기 전에 꼭 이루고 싶은 목표는?
난 화니보다 더 키 크기!!

오늘 너의 기분을 그려봐! '오늘'을 표현하는 해시태그를 만들어봐!

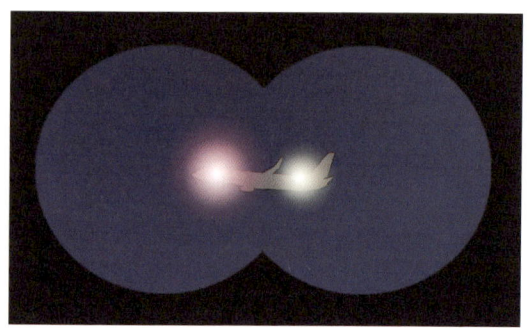

넌 하루 중에 언제 마음이 가장 편해져?

오늘 너의 기분을 그려봐!

'오늘'을 표현하는 해시태그를 만들어봐!

너의 마음에 이름을 붙일 수 있다면
어떤 이름을 지어 주고 싶어?

오늘 너의 기분을 그려봐!

'오늘'을 표현하는 해시태그를 만들어봐!

정말로 너에게 재능이 없다고 느껴 본 적이 있어?

오늘 너의 기분을 그려봐!

'오늘'을 표현하는 해시태그를 만들어봐!

오늘 무조건 꿈을 꿀 수 있다고 한다면
넌 어떤 꿈을 꾸고 싶어?

오늘 너의 기분을 그려봐!

'오늘'을 표현하는 해시태그를 만들어봐!

284

DATE.

남들이 알면 흥미롭게 생각할 만한 tmi 정보는?
난 모진섭 헤어 스타일 변신의 전말을 알고 있지 ㅎㅎㅎ

오늘 너의 기분을 그려봐!

'오늘'을 표현하는 해시태그를 만들어봐!

285

DATE.

넌 어떤 이야기를 할 때 행복해?

오늘 너의 기분을 그려봐!

'오늘'을 표현하는 해시태그를 만들어봐!

♥ 286 ♥ DATE.

너에게 제일 잘 어울리는 헤어 스타일은 뭐야?
그림으로 그려 줄 수 있어?

오늘 너의 기분을 그려봐!

'오늘'을 표현하는 해시태그를 만들어봐!

DATE.

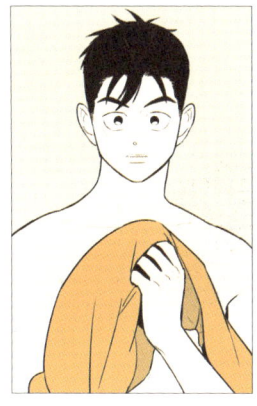

요즘 너의 몸에 변화를
느껴 본 적이 있어?

오늘 너의 기분을 그려봐!

'오늘'을 표현하는 해시태그를 만들어봐!

💛 288 💛　　　　　　　　　　　　DATE.

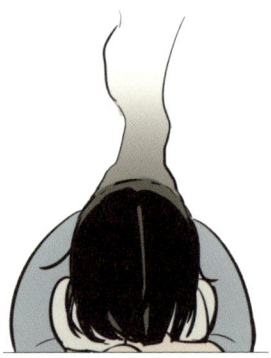

최근에 무언가 포기하고 싶다고
생각해 본 적이 있어?

오늘 너의 기분을 그려봐!　　　'오늘'을 표현하는 해시태그를 만들어봐!

너의 보물 1호는 뭐야?
난 서랍 속에 숨겨 둔 잡지들!
지금은 엄마 손에 다 찢겨졌지만 말이야...

오늘 너의 기분을 그려봐!

'오늘'을 표현하는 해시태그를 만들어봐!

♥ 290 ♥ DATE.

요즘 서지수 왜 이래!!!
얘가 도대체 무슨 말을 하고 있는 거야!!!
너도 주변에 더 멀어지고 싶은 사람이 있어?

오늘 너의 기분을 그려봐!

'오늘'을 표현하는 해시태그를 만들어봐!

선택한 일에 대해서 후회해 본 경험이 있어?
최악의 선택이랄까?

오늘 너의 기분을 그려봐!

'오늘'을 표현하는 해시태그를 만들어봐!

292

DATE.

어릴 적을 떠올리게 하는 향기가 있어?
난 여름의 풀냄새가 그래.

오늘 너의 기분을 그려봐!

'오늘'을 표현하는 해시태그를 만들어봐!

평~생 한 가지 음식만 먹을 수 있다면
넌 어떤 음식을 먹을 거야?

오늘 너의 기분을 그려봐!

'오늘'을 표현하는 해시태그를 만들어봐!

 DATE.

영화 속 주인공처럼 살 수 있다면
넌 어떤 영화 속 주인공이 되고 싶어?
난 이미 보디가드 찍었다…

오늘 너의 기분을 그려봐!   '오늘'을 표현하는 해시태그를 만들어봐!

295

DATE.

넌 사람들에게 너의 마음을 잘 표현하고 있어?

오늘 너의 기분을 그려봐!

'오늘'을 표현하는 해시태그를 만들어봐!

♡ **296** ♡ DATE.

지금 전화벨이 울린다면 누구였으면 좋겠어?

오늘 너의 기분을 그려봐!

'오늘'을 표현하는 해시태그를 만들어봐!

 297

DATE.

오늘 가장 듣고 싶은 칭찬이 있어?
위로의 말도 좋구.

오늘 너의 기분을 그려봐!

'오늘'을 표현하는 해시태그를 만들어봐!

♥ 298 ♥

DATE.

만약에 너의 반려동물이나 식물이 말을 할 수 있다면
무슨 이야기를 하고 싶어?

오늘 너의 기분을 그려봐!   '오늘'을 표현하는 해시태그를 만들어봐!

 DATE.

너를 하나의 단어로 표현한다면?

오늘 너의 기분을 그려봐!

'오늘'을 표현하는 해시태그를 만들어봐!

300   DATE.

지금 당장 무엇을 해 보고 싶어?
그게 무엇이든 응원하고 칭찬해 줄게.

오늘 너의 기분을 그려봐!   '오늘'을 표현하는 해시태그를 만들어봐!

301

DATE.

거절할 수 없는 제안을 받아 본 적 있어?

오늘 너의 기분을 그려봐!

'오늘'을 표현하는 해시태그를 만들어봐!

302

DATE.

어릴 적부터 간직해 온 물건 중 소중한 물건이 있어?
예를 들면 친구와 주고받은 편지나 교환 일기 같은 거?

오늘 너의 기분을 그려봐!   '오늘'을 표현하는 해시태그를 만들어봐!

303

DATE.

너는 어떤 순간에 긴장을 많이 하는 편이야?

오늘 너의 기분을 그려봐!

'오늘'을 표현하는 해시태그를 만들어봐!

♥ 304 ♥   DATE.

우리 엄마랑 아빠는 내가 맨날 듀오백 사 달라고 얘기해도 귓등으로도 안 들어.
넌 뭐가 제일 갖고 싶어?

오늘 너의 기분을 그려봐!   '오늘'을 표현하는 해시태그를 만들어봐!

305

DATE.

믿을 수 없어!
내가 학원에 다시 다닐 수 있도록 철이가 우리 엄마를 설득시켜 본대!
나처럼 입을 틀어막을 정도로 놀란 경험이 있어?

오늘 너의 기분을 그려봐!

'오늘'을 표현하는 해시태그를 만들어봐!

306

DATE.

심심할 땐 뭘 해?

오늘 너의 기분을 그려봐!

'오늘'을 표현하는 해시태그를 만들어봐!

307

DATE.

벼..변태라고? 억울해...
최근에 누가 더 억울한 일이 없었는지 우리 이야기해 볼까?

오늘 너의 기분을 그려봐!

'오늘'을 표현하는 해시태그를 만들어봐!

308

귀신은 있다 VS 없다

오늘 너의 기분을 그려봐!

'오늘'을 표현하는 해시태그를 만들어봐!

DATE.

징글징글한 김철.
자기가 미애를 감싸고 도는 걸 아직도 모르네?
충고해 주고 싶은 친구에게는 어떻게 말해 줘야 할까?

오늘 너의 기분을 그려봐!

'오늘'을 표현하는 해시태그를 만들어봐!

DATE.

난 하늘을 나는 게 어릴 적 꿈이었는데...
너의 꿈은 뭐였어? 그 꿈을 이뤘어?

오늘 너의 기분을 그려봐!

'오늘'을 표현하는 해시태그를 만들어봐!

너와 친해질 수 있는 방법은?

오늘 너의 기분을 그려봐!   '오늘'을 표현하는 해시태그를 만들어봐!

312

DATE.

최근에 외롭다고 느낀 적 있어? 언제였어?

오늘 너의 기분을 그려봐!

'오늘'을 표현하는 해시태그를 만들어봐!

DATE.

왜 우리는 학원까지 가서 공부를 해야 하는 걸까?
학원만은 피하고 싶었는데 나도 결국 엄마에게 붙잡히고 말았어.
행복은 성적순이 아닌데... 행복이란 도대체 무엇일까?

오늘 너의 기분을 그려봐!

'오늘'을 표현하는 해시태그를 만들어봐!

생각해 보니 철이한테 궁금한 게 너무 많아.
철이도 나를 궁금해 할까?
너도 나처럼 궁금한 사람이 있어?

오늘 너의 기분을 그려봐!

'오늘'을 표현하는 해시태그를 만들어봐!

DATE.

오늘 황미애의 표정이 안 좋아 보이더라고. 김철 때문인가?
넌 요즘 어떤 표정으로 지내고 있어?
거울 속 너의 얼굴을 보고 이야기해 봐.

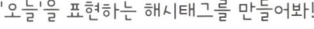

오늘 너의 기분을 그려봐!   '오늘'을 표현하는 해시태그를 만들어봐!

316

DATE.

다시 태어난다면 남자 VS 여자
이유도 적어 봐.

오늘 너의 기분을 그려봐!

'오늘'을 표현하는 해시태그를 만들어봐!

DATE.

특별하게 기억나는 학년이 있어?
어떤 추억을 간직하고 있어?
나는 이번 중학교 3학년이 기억에 남을 거 같아...

오늘 너의 기분을 그려봐!

'오늘'을 표현하는 해시태그를 만들어봐!

318

DATE.

최근에 어딘가에 몰래 숨고 싶게 만드는 일이 있었어?

오늘 너의 기분을 그려봐!

'오늘'을 표현하는 해시태그를 만들어봐!

바다 대신 계곡이라니... 난 바다에 가고 싶었다고!
이번 여름 방학 계획은 다 망했어!
너도 나처럼 산보다 바다가 좋지? 바다랑 산 중에서 하나만 선택해 봐!

오늘 너의 기분을 그려봐!   '오늘'을 표현하는 해시태그를 만들어봐!

 DATE.

사랑하는 사람과의 데이트란 어떤 거야?

오늘 너의 기분을 그려봐!

'오늘'을 표현하는 해시태그를 만들어봐!

DATE.

야금야금 숨겨둔 내 소중한 친구들을 결국 엄마한테 들키고 말았어.
용돈 아껴서 겨우 모은 건데 너무 속상해.
너도 혹시 엄마아빠 몰래 숨겨 둔 게 있어?

오늘 너의 기분을 그려봐!   '오늘'을 표현하는 해시태그를 만들어봐!

 322

DATE.

요즘 너를 가장 신경 쓰는 것 같은 사람이 있어?
그 사람은 왜 너를 신경 쓰게 된 걸까?

오늘 너의 기분을 그려봐!   '오늘'을 표현하는 해시태그를 만들어봐!

323

DATE.

요즘 네가 가장 신경 쓰는 사람이 있어?
왜 신경 쓰게 된 건지 알려 줘.

오늘 너의 기분을 그려봐!   '오늘'을 표현하는 해시태그를 만들어봐!

324

DATE.

행복한 순간 가장 먼저 떠오르는 사람이 있다면 누구야?

오늘 너의 기분을 그려봐!

'오늘'을 표현하는 해시태그를 만들어봐!

 DATE.

마지막으로 하늘을 올려다본 게 언제야?
오늘 하늘은 어떤 색이었어?

오늘 너의 기분을 그려봐!

'오늘'을 표현하는 해시태그를 만들어봐!

 326

DATE.

왜 이렇게 되는 일이 없는 걸까?
네가 계획한 대로 흘러가지 않을 때, 너는 어떻게 해?

오늘 너의 기분을 그려봐!

'오늘'을 표현하는 해시태그를 만들어봐!

327   DATE.

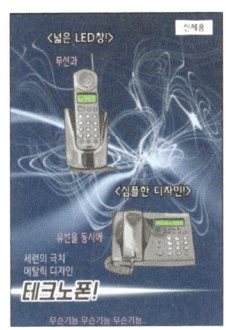

어릴 적 너만의 추억이 담긴 물건이 있다면 소개해 줄래?
나에겐 비 오는 날 철이와 해프닝을 만들어 준 전화기?

오늘 너의 기분을 그려봐!   '오늘'을 표현하는 해시태그를 만들어봐!

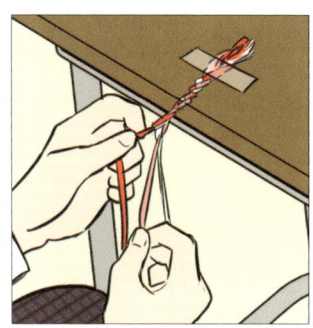

오늘은 나에게 차분함이 필요한 날이야.
마음의 평화를 위해 하는 일이 있어?
운동, 취미 뭐든 좋아!

오늘 너의 기분을 그려봐!

'오늘'을 표현하는 해시태그를 만들어봐!

어떻게 가방에 앞머리가 낄 수 있는 거야?
황미애랑 나한테만 왜 이런 말도 안 되는 일이 자주 일어나는 거야?
"나한테 왜 이래?"라고 생각할 만한 일이 일어난 적 있었어?

오늘 너의 기분을 그려봐!

'오늘'을 표현하는 해시태그를 만들어봐!

철이와 미애...
보고만 있어도 고구마 100개쯤 먹은 것 같아.
너도 저 둘처럼 답답하게 행동해 본 적이 있어?

오늘 너의 기분을 그려봐!

'오늘'을 표현하는 해시태그를 만들어봐!

진짜 뭐지??
우린 친구라고 자기가 먼저
이야기했었잖아?
오히려 기뻐해야 하는 거 아냐?
너도 신경쓰지 않으려고 해도
잘 안 되는 게 있어?

오늘 너의 기분을 그려봐!

'오늘'을 표현하는 해시태그를 만들어봐!

답안지에 마킹을 안하는 바보 같은 실수를 해 버렸어..
너도 최근에 한 실수 중 마음에 남는 일이 있어?

오늘 너의 기분을 그려봐!

'오늘'을 표현하는 해시태그를 만들어봐!

예쁜 사람만 살아남는 세상은 이미 지났어!
나에겐 나만의 개성이 있다고!!
넌 어때? 너만의 개성이 있어?

오늘 너의 기분을 그려봐!

'오늘'을 표현하는 해시태그를 만들어봐!

내가 진섭이를 좋아하는데
구질구질하든 말든 무슨 상관이지?
내 마음을 멋대로 다루는 거 너무 싫어.
이런 사람들에게 해 주고 싶은 말 있어?

오늘 너의 기분을 그려봐!

'오늘'을 표현하는 해시태그를 만들어봐!

인생 통틀어 가장 큰 실패는 무엇이었어?
실패했더라도 낙담하진 마~
그 일을 통해 얻은 게 있을 테니까.

오늘 너의 기분을 그려봐!

'오늘'을 표현하는 해시태그를 만들어봐!

 336

DATE.

어릴 적에 자주 먹던 군것질거리나 잘 갖고 놀던 장난감 있어?

오늘 너의 기분을 그려봐!

'오늘'을 표현하는 해시태그를 만들어봐!

고치고 싶지만 고치지 못하고 있는
너만의 버릇이 있어?
난 덤벙대는 거...?

오늘 너의 기분을 그려봐!

'오늘'을 표현하는 해시태그를 만들어봐!

진짜 좋은 사람은 남의 기쁜 일을 진심으로 축하해 주는 사람이래.
철이 주변에 친구들이 생기고 있는 걸 나도 축하하고 싶어.
너는 친구의 기쁜 일을 진심으로 축하해 주는 편이야?

오늘 너의 기분을 그려봐!

'오늘'을 표현하는 해시태그를 만들어봐!

넌.. 글씨를 예쁘게 잘 써?
난 오늘 쌤한테 글씨 못 쓴다고 혼나버렸네:::

오늘 너의 기분을 그려봐!   '오늘'을 표현하는 해시태그를 만들어봐!

   DATE.

번뜩이는 아이디어로 사람들의 칭찬을 받아 본 적 있어?

오늘 너의 기분을 그려봐!

'오늘'을 표현하는 해시태그를 만들어봐!

341

DATE.

겨울 간식 중 뭐를 제일 좋아해?
그중 최고는 호빵 아니겠어?

오늘 너의 기분을 그려봐!

'오늘'을 표현하는 해시태그를 만들어봐!

 DATE.

춤 VS 노래
넌 어떤 걸 더 좋아해?

오늘 너의 기분을 그려봐! '오늘'을 표현하는 해시태그를 만들어봐!

DATE.

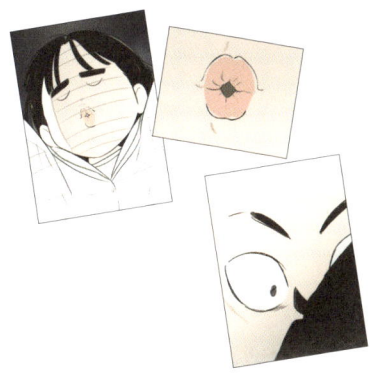

황미애가 내 꿈에 나왔어. 이건 악몽이 틀림 없어...!
너도 악... 악몽을 꾼 적 있어?

오늘 너의 기분을 그려봐!   '오늘'을 표현하는 해시태그를 만들어봐!

DATE.

학원 보내 놨더니 성적이 더 떨어졌다며 엄마가 많이 화나셨어.
정말 어떻게 공부해야 할지 모르겠네...
너만의 공부 노하우 같은 게 있으면 나한테도 알려 줄래?

오늘 너의 기분을 그려봐!

'오늘'을 표현하는 해시태그를 만들어봐!

요즘 날씨가 너무 변덕스러운 것 같아.
난 비가 오면 기분이 다운되는데, 넌 날씨에 따라 기분 변화가 있어?
맑은 날? 비 오는 날? 어떤 날이 더 좋아?

오늘 너의 기분을 그려봐!

'오늘'을 표현하는 해시태그를 만들어봐!

346

DATE.

네 인생에서 가장 기억에 남는 생일이 있어?
어떤 일 때문에 기억에 남아?

오늘 너의 기분을 그려봐!

'오늘'을 표현하는 해시태그를 만들어봐!

347

DATE.

오늘 너를 힘들게 했거나 우울하게 했던 일 또는 사람이 있어?

오늘 너의 기분을 그려봐!   '오늘'을 표현하는 해시태그를 만들어봐!

348

DATE.

네 외모 중 어디가 제일 마음에 들어?

오늘 너의 기분을 그려봐!　　　　　'오늘'을 표현하는 해시태그를 만들어봐!

 349

DATE.

너를 색깔로 표현한다면 무슨 색인 것 같아?
이유도 말해 줘~

오늘 너의 기분을 그려봐!

'오늘'을 표현하는 해시태그를 만들어봐!

350

DATE.

가장 최근에 했던 가족 식사는 언제야?
무슨 이야기를 나눴어?

오늘 너의 기분을 그려봐!

'오늘'을 표현하는 해시태그를 만들어봐!

친해질 때 먼저 다가가는 타입이야?
아니면 다가오길 기다리는 타입이야?
철이처럼 도망치지만 말아 줘~

오늘 너의 기분을 그려봐!

'오늘'을 표현하는 해시태그를 만들어봐!

♥ 352 ♥　　　　　　　　　　　　　　DATE.

올해 세운 계획 중 이룬 게 있어?

오늘 너의 기분을 그려봐!　　　　'오늘'을 표현하는 해시태그를 만들어봐!

353

DATE.

지난 1년간 꾸준히 한 일이 있어?

오늘 너의 기분을 그려봐!

'오늘'을 표현하는 해시태그를 만들어봐!

 354

DATE.

아니, 어떻게 황미애는 어릴 때랑 변한 게 하나도 없지..?
얘만 그런가? 넌 사람이 변할 수 있다고 생각해?

오늘 너의 기분을 그려봐!   '오늘'을 표현하는 해시태그를 만들어봐!

355

DATE.

황미애를 위해 흑기사를 했던 날.
넌 누군가를 구하기 위해 선의의 거짓말을 한 적 있어?

오늘 너의 기분을 그려봐!

'오늘'을 표현하는 해시태그를 만들어봐!

356

DATE.

누군가에게 충고가 필요하다면 바로 이야기 해 주는 편이야?
아님 그냥 지켜보는 편이야?

오늘 너의 기분을 그려봐!

'오늘'을 표현하는 해시태그를 만들어봐!

357

DATE.

오늘 하루를 되돌아봤을 때, 넌 어떤 말을 많이 한 것 같아?
긍정적인 말? 아니면 부정적인 말?

오늘 너의 기분을 그려봐!   '오늘'을 표현하는 해시태그를 만들어봐!

요즘 가장 많은 시간을 보내는 일이 있어? 난 축구.
이렇게 숨차게 뛰다 보면 복잡한 생각이 정리되는 것 같아.
넌 무엇 때문에 그 일을 하고 있는 거야?

오늘 너의 기분을 그려봐!

'오늘'을 표현하는 해시태그를 만들어봐!

359

DATE.

버리고 싶은 과거의 모습이 있어?
현재 네가 만들고 싶은 너의 모습을 말해 줘.

오늘 너의 기분을 그려봐!   '오늘'을 표현하는 해시태그를 만들어봐!

🍏 360 🍏

DATE.

눈물이 많은 편이야? 아니면 울지 않는 편?
너의 눈물 버튼은 무엇이야?

오늘 너의 기분을 그려봐!

'오늘'을 표현하는 해시태그를 만들어봐!

최악의 상황이 찾아왔을 때
넌 어떻게 극복하려고 하는 편이야?

오늘 너의 기분을 그려봐!

'오늘'을 표현하는 해시태그를 만들어봐!

올해 너에게 가장 영향을 많이 준 사람 3명을 꼽아 봐!

오늘 너의 기분을 그려봐!

'오늘'을 표현하는 해시태그를 만들어봐!

넌 요즘 얼마나 자주 행복을 느끼는 것 같아?
너의 행복을 점수로 매겨 본다면?

오늘 너의 기분을 그려봐!　　　　　'오늘'을 표현하는 해시태그를 만들어봐!

364

DATE.

벌써 올해도 다 지나가네!!
새로운 1년을 보낼 나 자신에게 해 주고 싶은 말이나
약속이 있다면 적어 보자!

오늘 너의 기분을 그려봐!

'오늘'을 표현하는 해시태그를 만들어봐!

나랑 소곤소곤 나누는 마지막 이야기야.
너무 아쉽고 헤어지기 싫다...
너도 나에게 하고 싶은 말이 있어?

오늘 너의 기분을 그려봐!

'오늘'을 표현하는 해시태그를 만들어봐!

우리의 이야기는 아직 끝나지 않았다구!
이대로 끝나는 게 아쉬울 것 같아서...
너의 버킷리스트를 작성할 수 있도록 준비해 봤어.
이루고 싶은 것들을 적어 보고 세부 계획도 세워 봐!

버킷리스트

01.
02.
03.
04.
05.
06.
07.
08.
09.
10.
11.
12.
13.
14.
15.
16.
17.
18.
19.
20.
21.
22.
23.
24.
25.
26.
27.
28.
29.
30.
31.
32.
33.
34.
35.
36.
37.
38.
39.
40.
41.
42.
43.
44.
45.
46.
47.
48.
49.
50.

💛 PLAN 💛

★ TO DO ★

◆ NOTE ◆

화이팅~!!

좌절금지!!!

♥ **PLAN** ♥

★ **TO DO** ★

♦ **NOTE** ♦

나 좀 기억해줘.

💛 PLAN 💛

★ TO DO ★

◆ NOTE ◆

🤎 PLAN 🤎

★ TO DO ★

◆ NOTE ◆

💛 PLAN 💛

★ TO DO ★

◆ NOTE ◆

💛 PLAN 💛

★ TO DO ★

◆ NOTE ◆

미션 클리어!!

화이팅~!!

세기말 풋사과 보습학원
소곤소곤 비밀이야기

초판 발행 2023년 08월 01일
원작 세기말 풋사과 보습학원
그림 순끼
펴낸이 김길수
총괄 김태경
기획&디자인 임정원
진행 최윤정
영업 박준용, 임용수, 김도현
마케팅 이승희, 김근주, 조민영, 김민지, 김도연, 김진희, 이현아
제작 황장협
인쇄 제이엠

펴낸곳 (주)영진닷컴
주소 (우)08507 서울특별시 금천구 가산디지털1로 128
STX-V타워 4층 401호 (주)영진닷컴
401, STX-V Tower, 128, Gasan digital 1-ro,
Geumcheon-gu, Seoul, Republic of Korea 08507
이메일 support@youngjin.com
홈페이지 https://www.youngjin.com

ISBN 978-89-314-6924-0

파본이나 잘못된 도서는 구입하신 곳에서 교환해 드립니다.